Éditions Usborne

Tableaux célèbres

Éditions Usborne

Tableaux célèbres

Rosie Dickins

Expert-conseil : Kathleen Adler
Maquette : Nicola Butler

Avec les œuvres de trente-cinq artistes
et des dessins de Philip Hopman

Pour l'édition française : Traduction : Nathalie Chaput
Rédaction : Renee Chaspoul et Nick Stellmacher

Sommaire

La double page précédente illustre un détail de la série des *Nymphéas* de Claude Monet (voir aussi en page 52). Sur la toute première page, tu peux voir *Les Ménines* de Diego Vélasquez (le tableau agrandi se trouve en page 20).

Préface

Il existe dans le monde des centaines de tableaux célèbres, reconnus et admirés pour de multiples raisons. Il est bien sûr impossible de les classer selon un ordre de préférence, car tout observateur apprécie leurs qualités selon son propre goût.

Dans cet ouvrage, tu trouveras trente-cinq œuvres, présentées par ordre chronologique, selon la date de leur réalisation. Cette infime sélection couvre un large éventail de périodes et de styles. En les observant, tu finiras peu à peu par comprendre pourquoi certaines te plaisent davantage, quel est le style qui t'émeut le plus, et cela t'aidera à choisir celles que tu préfères.

Ce détail grossi provient d'un tableau de Van Gogh intitulé *Les tournesols*. Il fait partie des trente-cinq chefs-d'œuvre choisis pour illustrer ce livre. Le tableau dans son entier se trouve en page 42.

Davantage à voir

Tous les tableaux reproduits dans ce livre sont exposés dans une galerie ou un musée quelque part dans le monde. Nous te conseillons vivement de les visiter, car rien ne remplace la confrontation avec le tableau authentique. Les sites proposés sur Internet permettent aussi à l'amateur de se familiariser avec le monde de l'art pictural.

Connecte-toi à **www.usborne-quicklinks.com/fr** pour avoir un accès rapide à ces sites et entre le titre de ce livre.
Tous les sites Web proposés sont régulièrement revus, et les liens mis à jour. Toutefois, le contenu d'un site peut changer à tout moment et les éditions Usborne ne sauraient en être tenues responsables.

Le portrait Arnolfini

Jan Van Eyck
Belgique, 1434, huile sur bois, 82 cm x 60 cm

Ce portrait du XVe siècle représente un riche banquier, Giovanni Arnolfini, et son épouse. Le peintre Jan Van Eyck fut l'un des premiers à utiliser la peinture à l'huile. La scène est d'un réalisme troublant. Par endroits, la reproduction des détails est si minutieuse que l'artiste prit sans doute une loupe pour les réaliser.

Le mariage Arnolfini

Le couple devait être très croyant, car l'œuvre regorge de symboles religieux. Sur le mur du fond, à côté du miroir, on voit un chapelet à égrener à chaque prière. Sur le chandelier, une bougie est allumée, symbole souvent utilisé pour évoquer une présence divine. Certains voient dans cette scène la célébration d'un mariage, d'où l'autre nom du tableau, *Le mariage Arnolfini.* L'homme lève en effet la main avec solennité comme s'il s'apprêtait à faire un vœu. Pourtant, il est plus probable qu'il fait un geste de bienvenue en direction de ses invités.

Les effets de la lumière

Dans les années 1430, la peinture à l'huile en était à ses débuts, mais Van Eyck savait déjà la manier avec habileté. Les subtils changements de la couleur et de la texture, et les effets de la lumière sont dus à la superposition en couches fines et lisses. Les coups de pinceau sont si délicats qu'ils semblent invisibles.

Dans ce gros plan du miroir, observe les deux personnages qui font leur entrée. L'un d'entre eux est sans doute le peintre lui-même (tu peux voir son autoportrait au turban, à gauche).

Homme au turban, 1433

De leurs vêtements rehaussés de fourrure jusqu'au chandelier cuivré, la prospérité du couple est manifeste.

Le peintre a apposé sa signature sur le mur, au-dessus du miroir. La phrase est en latin. Elle signifie : « Jan Van Eyck fut ici, 1434. »

Devant le ventre arrondi de la dame, l'observateur en déduit qu'elle est enceinte. En réalité, elle est habillée à la dernière mode et porte une longue robe dont elle relève un pan devant elle.

Il n'est pas rare de trouver un chien dans une peinture. Il symbolise l'amour et la fidélité.

9

Le Printemps

Sandro Botticelli
Italie, vers 1482, tempera sur toile, 2,03 m x 3,14 m –
les personnages sont presque grandeur nature.

Depuis son exécution, il y a plus de cinq siècles, l'œuvre n'a cessé de fasciner. Si les experts en donnent tous une interprétation différente, ils s'accordent toutefois sur un point : la scène, illustrée par plus de 500 plantes et fleurs, est une célébration de l'amour et du renouveau printanier.

En cadeau de mariage

Ce tableau représente Vénus, la déesse romaine de l'Amour, qui se dresse au milieu d'un parterre de divers personnages mythologiques (les légendes disposées autour du cadre permettent de les identifier). Réalisé pour la puissante famille des Médicis par l'artiste italien Sandro Botticelli, il fut sans doute offert en cadeau de mariage. Les experts savent en effet qu'un mariage fut célébré en 1492 chez les Médicis. Les thèmes de l'amour et du renouveau semblaient parfaitement adaptés à l'événement.

Ce personnage aux pieds ailés est Mercure, le messager des dieux. Il brandit son caducée afin de repousser un nuage menaçant.

Ces danseuses, les trois Grâces, personnifient la grâce et la beauté.

Au centre, Vénus, la déesse de l'Amour. Son fils, Cupidon, volette au-dessus d'elle. Dans la mythologie, ceux qui sont touchés par une flèche de Cupidon tombent amoureux.

Remarque comme le fond composé de feuillages sombres permet de mieux faire ressortir la déesse.

L'homme à la peau bleue se nomme Zéphyr. Il symbolise le vent printanier.

Zéphyr se penche pour embrasser une nymphe intimidée. Ce faisant, il la transforme en Flora, la déesse des Fleurs et du Printemps.

Observe les fleurs qui sortent de la bouche de la nymphe. Selon le mythe, cela se produit quand elle parle.

Flora, la déesse des Fleurs et du Printemps, fait un pas en avant en éparpillant des roses.

Saint Georges et le dragon

Raffaello Sanzio, dit Raphaël
Italie, vers 1503-1505, huile sur bois, 29 cm x 25 cm

Ce tableau du XVIᵉ siècle illustre une célèbre histoire, celle de saint Georges qui se porte au secours d'une princesse en combattant un dragon. À l'époque, ce drame était bien connu des artistes et de leurs mécènes. L'œuvre fut sans doute réalisée pour un noble italien.

L'art de conter les histoires

Avec le dragon qui se tord et le cheval qui se cabre, le dynamisme de cette scène est saisissant. Prêt à pourfendre le monstre, le saint lève son bras armé d'un sabre. Au fond, la robe de la princesse se gonfle, suggérant un mouvement de fuite. Malgré la tragédie qui se joue là, les traits et la composition du décor sont d'une remarquable netteté.

Les principaux personnages forment une pyramide. De sa position au sommet, le saint domine le mal de toute sa puissance. Son casque à plume le fait paraître encore plus grand et l'observateur imagine sans peine que le sabre va bientôt s'abattre et terrasser le dragon.

Les collines, noyées dans une brume bleutée, créent un sentiment de profondeur.

Ce diagramme montre comment les personnages centraux forment une pyramide.

Note combien l'animal, avec ses ailes pointues, ses pieds palmés et sa queue enroulée comme celle d'un serpent, est monstrueux.

La lance brisée prouve que saint Georges a déjà attaqué le dragon.

L'auréole dorée qui entoure le casque de Georges le désigne comme un saint.

Les reflets blancs qui font reluire l'épée et le casque créent l'illusion du métal.

13

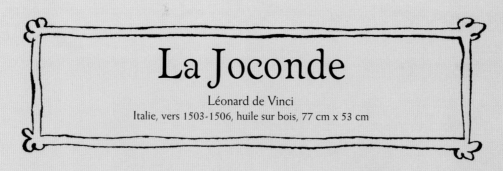

La Joconde

Léonard de Vinci
Italie, vers 1503-1506, huile sur bois, 77 cm x 53 cm

Ce visage est l'un des plus célèbres au monde. Il a inspiré des générations d'artistes, pourtant personne ne sait exactement qui se cache derrière ce portrait. La dame représentée est sans doute Lisa Giocondo (d'où le nom du tableau, aussi intitulé *Mona Lisa*), la femme d'un riche marchand italien.

Un sourire mystérieux

C'est le sourire énigmatique, à moitié esquissé, de la dame qui est fascinant. En outre, son expression est impossible à définir tant elle change selon l'angle duquel on la regarde. Le peintre a utilisé la technique du sfumato : de l'italien sfumare, « estomper », elle crée une ambiance floue, à l'image des coins des yeux et de la bouche.

Vues de près, les ombres aux coins de la bouche sont douces et estompées. On voit qu'avec le temps, la surface picturale s'est craquelée.

L'art en péril

Léonard de Vinci passa des années à la recherche de la perfection (sous la surface, une étude aux rayons X a révélé trois versions antérieures). Il finit par donner son tableau à François Ier, roi de France, qui l'accrocha dans sa salle de bains. Plus tard, le portrait atterrit dans un musée parisien où, en 1911, il fut volé par un ouvrier désireux de le rendre à l'Italie. Il ne fut retrouvé, caché dans une voiture, dans un coffre à double fond, qu'au bout de deux ans. De retour à Paris, il est aujourd'hui admiré chaque année par des millions de visiteurs.

14

Note le voile de gaze posé sur les cheveux.

Les sourcils sont inexistants. À l'époque, les femmes à la mode s'épilaient les sourcils ou se les rasaient.

Remarque comme le paysage s'estompe et bleuit dans le lointain. Cet effet est appelé perspective aérienne ; le premier plan est plus net, ce qui donne de la profondeur au tableau.

La délicate broderie de la robe prouve combien le peintre s'attacha à rendre les détails.

15

Création d'Adam

Michelangelo Buonarroti, dit Michel-Ange
Italie, 1508-1512, fresque (aquarelle sur plâtre), 13,20 m x 40,50 m

Il y a cinq siècles, l'artiste Michel-Ange fut chargé de la décoration du plafond de la chapelle Sixtine, située dans le palais du Vatican, la résidence des papes, à Rome. Le résultat fut une éblouissante série de scènes religieuses, dont la Création d'Adam.

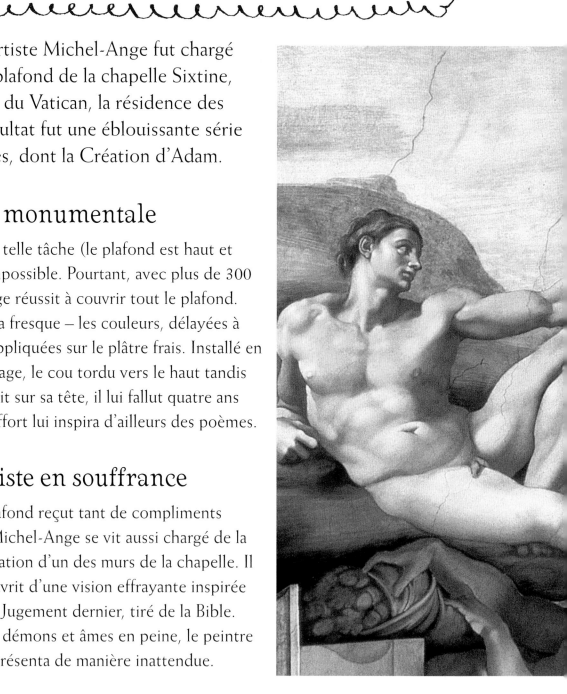

Une commande monumentale

L'accomplissement d'une telle tâche (le plafond est haut et monumental) semblait impossible. Pourtant, avec plus de 300 personnages, Michel-Ange réussit à couvrir tout le plafond. Il utilisa la technique de la fresque – les couleurs, délayées à l'eau, sont directement appliquées sur le plâtre frais. Installé en équilibre sur un échafaudage, le cou tordu vers le haut tandis que la peinture dégoulinait sur sa tête, il lui fallut quatre ans d'un travail éreintant. L'effort lui inspira d'ailleurs des poèmes.

Artiste en souffrance

Le plafond reçut tant de compliments que Michel-Ange se vit aussi chargé de la décoration d'un des murs de la chapelle. Il le couvrit d'une vision effrayante inspirée par le Jugement dernier, tiré de la Bible. Parmi démons et âmes en peine, le peintre se représenta de manière inattendue.

Michel-Ange fit son autoportrait sur une dépouille de peau tenue par un saint. Peut-être voulait-il évoquer les souffrances qu'il endura lorsqu'il peignit le plafond.

Tourne la page pour voir une plus grande portion du plafond.

La tension dramatique de la composition est accentuée par l'infime écart entre les doigts d'Adam et de Dieu.

Les corps musculeux sont saisissants de vérité. Michel-Ange connaissait parfaitement l'anatomie, sans doute parce qu'il avait disséqué des cadavres.

Le plafond se trouve à une hauteur vertigineuse de 20 m. Les couleurs sont riches et les contours nets afin qu'un visiteur, en levant les yeux, les distingue sans peine.

Les Ménines

Diego Vélasquez

Espagne, 1656, huile sur toile, 3,18 m x 2,76 m – le tableau est presque grandeur nature.

Ce portrait t'introduit dans l'intimité d'une cour royale. La jeune princesse espagnole Margarita est entourée du flot quotidien de courtisans et serviteurs, dont l'artiste lui-même. Il s'intitule d'ailleurs *Les Ménines* (Las Meninas en espagnol signifie « les demoiselles d'honneur »), ou *La famille du roi Philippe IV*.

Une image dans le miroir

À première vue, la princesse semble être le point de mire de l'attention. Les autres personnages sont disposés minutieusement autour d'elle et la pénombre rehausse l'éclat de sa robe et de ses cheveux d'un blond clair. Mais regarde plus attentivement : comme les autres, elle tourne le visage vers ce qui se passe en dehors du tableau. Qu'est-ce que c'est ?

Cherche les touches de rouge dans ce tableau. Il y a un pichet rouge offert à la princesse sur un plateau doré.

Il y a aussi une croix rouge sur la poitrine du peintre. Elle fut sans doute insérée quelques années plus tard en célébration d'une distinction remise à l'artiste par le roi.

La réponse se trouve dans le miroir accroché au mur derrière elle. Un couple y est représenté. Il observe la scène. Ce sont le roi et la reine. Comme le roi Philippe IV d'Espagne n'aimait pas son image vieillissante, le peintre utilisa ce stratagème pour l'inclure malgré tout dans la composition. Ce portrait est donc celui de la princesse, et de ses parents.

Un jeune courtisan tente de faire lever un chien endormi en le poussant du pied.

Ce gros plan te permet de mieux distinguer le roi et la reine qui, debout sous un rideau rouge, se reflètent dans le miroir.

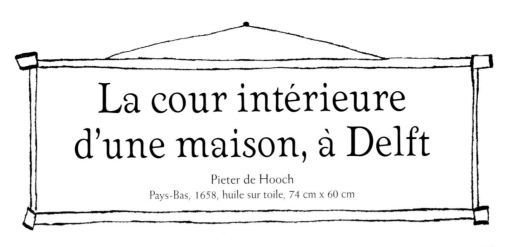

La cour intérieure d'une maison, à Delft

Pieter de Hooch
Pays-Bas, 1658, huile sur toile, 74 cm x 60 cm

Ce tableau, peint il y a plus de 350 ans dans la ville hollandaise de Delft, aux Pays-Bas, montre deux femmes et une enfant dans une cour. Le bois et les briques usés par le temps, les plantes grimpantes, tous les détails aux couleurs délicates concourent au charme de cette scène baignant dans la douce lumière d'un après-midi.

La lumière émanant de la rue forme un halo autour de la femme debout dans le couloir.

Cherche les initiales de l'artiste, peintes au bas de l'entrée, comme si elles étaient sculptées dans la pierre.

Le bien-être domestique

Lorsque ce tableau fut réalisé, les peintures illustrant la vie domestique étaient à la mode. Pour certains, le peintre voulait ainsi célébrer le plaisir de se retrouver dans une maison bien entretenue. La cour est balayée, les plantes sont soignées, et la mère et l'enfant sourient. Pour d'autres, il cherchait à suggérer l'étroitesse de la vie au foyer. La femme dans le couloir regarde pensivement la rue, rêvant à un autre monde.

Observe la répétition de l'arche de l'entrée plus loin.

Un tour de passe-passe

La composition est troublante d'authenticité, pourtant elle ne pouvait exister que dans l'imagination de son auteur. En effet, le peintre se servit d'une technique appelée perspective. Il créa ainsi une véritable illusion du relief sur une toile plane. La profondeur et l'espace sont suggérés par les lignes fuyantes des briques et le long couloir qui appelle le regard.

Ce schéma permet de mieux comprendre la perspective utilisée. Les droites parallèles, en bleu, semblent se rencontrer au loin, à l'endroit des deux points de fuite (ronds bleus) situés sur la ligne d'horizon, en vert.

Autoportrait aux deux cercles

Rembrandt Van Rijn, dit Rembrandt
Pays-Bas, 1661, huile sur toile, 114 cm x 94 cm

Au cours de sa vie, Rembrandt se représenta plus de quarante fois, créant ainsi l'une des séries d'autoportraits les plus remarquables qu'il ait jamais été donné de voir. Ce tableau le montre à l'âge de 55 ans, usé par les ans, mais exhibant sa palette et ses pinceaux avec fierté.

Cherche les outils de l'artiste : une palette rectangulaire, des pinceaux et un long bâton en métal en guise d'appui-main, qui l'empêchait de trembler tandis qu'il peignait.

Remarque comme la toque et le visage capturent la lumière, attirant l'attention, alors que le bas du tableau reste dans l'ombre.

Ce détail montre comment le peintre utilisait les empâtements de couleur pour bâtir les formes. Les yeux donnent vie au portrait.

Le regard d'un homme honnête

Avec cet autoportrait, Rembrandt ne cherchait pas à se valoriser ; les couleurs sont neutres, la pose est sans prétention. Il se peignit dans des habits de tous les jours, ceux qu'il portait au travail, une toque et un chaud manteau, et révéla ses rides. En arrière-plan apparaissent deux mystérieux cercles. Ce sont peut-être les hémisphères d'une carte qu'il reste à tracer, ou bien Rembrandt se référa à un autre artiste l'ayant précédé, Giotto. Quand on demandait à Giotto une preuve de son habileté de peintre, il dessinait un simple cercle, mais un cercle parfait.

Traits et empâtements

Vu de près, le tableau est composé de traits approximatifs et d'empâtements de couleur. Étudie la main qui tient la palette : les doigts se distinguent à peine. Mais si tu t'éloignes, les marques prennent forme et un portrait surprenant de naturel apparaît.

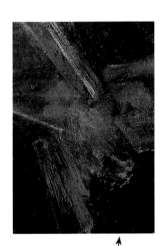

Gros plan permettant de voir comment les doigts sont représentés par quelques touches rapides.

La jeune fille à la perle

Jan Vermeer
Pays-Bas, vers 1665-1675, huile sur toile, 45 cm x 39 cm

Ce splendide portrait, peint il y a près de 350 ans, resta introuvable pendant plus de 200 ans. Il ne connut la gloire qu'après sa redécouverte par un collectionneur. Il fut le sujet d'un livre célèbre duquel a été tiré un film. Nous ne connaissons pas le nom du modèle, mais Jan Vermeer sut rendre avec beaucoup d'habileté son expression enjouée et ses habits exotiques.

Une « trogne » énigmatique

Au cours des siècles, la jeune fille a suscité de nombreuses questions. Le turban de soie et la boucle d'oreille en perle ne sont que des déguisements. Peut-être était-elle la fille du peintre ou sa servante ? Il semblait être davantage intéressé par l'étude de son costume et de son expression que par son portrait. De telles études de tête sont appelées « tronies » (sans doute de l'ancien français « trogne ») ; ce genre pictural était populaire dans les Pays-Bas de l'époque.

Le rendu pictural est si lisse et vivant qu'il s'apparente à la photographie. Vermeer faisait fusionner ses coups de pinceau jusqu'à les rendre presque invisibles. On pense qu'il utilisait une camera obscura, l'ancêtre de la chambre noire d'un appareil photo. Il pouvait ainsi copier n'importe quelle image qui était projetée à l'envers dans une pièce sombre.

Le naturel du jeune modèle, qui jette un simple coup d'œil par-dessus son épaule, est saisissant.

Le fond noir simple et la lumière qui descend attirent le regard sur son visage.

En gros plan, tu peux voir que l'éclat de la perle est en fait un empâtement de peinture blanche.

Avec une camera obscura, les contours de l'image sont adoucis et les points de lumière renforcés.

Le turban doit sa couleur à l'emploi d'un coûteux pigment bleu (dit outremer et dérivant du lapis-lazuli, une pierre fine) broyé.

Remarque les touches brillantes sur les yeux et les lèvres. Elles insufflent vie au tableau.

En revanche, l'arête du nez disparaît presque complètement sous la lumière.

À l'origine, le fond était vert foncé, mais il s'est assombri avec le temps.

Portrait de Mr. et Mrs. Andrews

Thomas Gainsborough
Grande-Bretagne, vers 1750, huile sur toile, 70 cm x119 cm

Regarde bien Mrs. Andrews. Sur ses genoux se trouve un espace vide. Il aurait dû être comblé par la suite, soit avec un oiseau tiré par son époux ou avec le portrait d'un enfant désiré.

Note les détails des costumes : la veste de Mr. Andrews est ouverte, ses bas froissés ; sa femme porte jupons de soie et délicates pantoufles. Le peintre posait sans doute les habits sur des mannequins dans son studio et prenait le temps de les reproduire avec précision.

28

Ce tableau du XVIIIᵉ siècle fait à la fois le portrait d'un couple de jeunes mariés et celui de leur vaste domaine. Ils portent des habits de luxe, qu'ils affichent avec ostentation. Mais c'est le merveilleux paysage de la campagne anglaise qui domine.

Des lieux et des personnages

À première vue, ce portrait reflète la suffisance d'un couple de riches propriétaires terriens qui contemplent les champs bien ordonnés de leur domaine, mais, en y regardant de plus près, ils ne semblent pas vraiment intégrés au décor. Leur pose est raide et leur costume n'est pas adapté à la vie campagnarde. La place d'honneur est en réalité occupée par le paysage. Les personnages, relégués sur le côté, ne sont que secondaires. Cette composition est inhabituelle pour l'époque, où le décor ne servait que de faire-valoir.

L'artiste, Thomas Gainsborough, était un portraitiste de renom, qui manquait souvent de patience envers ses riches clients. Il préférait de loin peindre des paysages. Avec ce portrait, la chance lui était donnée de figurer un endroit qu'il connaissait bien. Le domaine des Andrews s'étendait en effet près de la maison natale du peintre, et il lui fut facile de reproduire sa campagne familière et bien-aimée.

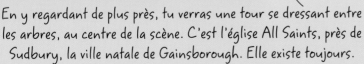
En y regardant de plus près, tu verras une tour se dressant entre les arbres, au centre de la scène. C'est l'église All Saints, près de Sudbury, la ville natale de Gainsborough. Elle existe toujours.

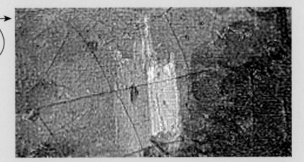

La Grande Vague

Katsushika Hokusai
Japon, 1829-1833, encre et couleurs sur papier, 26 cm x 38 cm

La Grande Vague de Kanagawa, ou *La Grande Vague,* est une estampe réalisée il y a près de 200 ans. Elle est devenue l'un des exemples les plus cités de l'art japonais. Elle montre une immense vague sur le point de s'abattre sur trois fragiles bateaux de pêche. Le mont Fuji apparaît dans le lointain.

L'estampe japonaise

La Grande Vague fait partie d'une série d'estampes croquant le mont Fuji. Pour obtenir l'image finale, Hokusai se servait d'une feuille de papier qu'il appliquait sur des blocs en bois gravés et encrés (un bloc par couleur). L'image pouvant être imprimée à plusieurs reprises, les copies n'étaient pas chères. Mais *La Grande Vague* connut un tel succès que les blocs servant à la reproduire finirent par s'user complètement.

Ressens-tu l'impression de menace, rendue par des aplats de couleur nettement définis et l'écume blanche pourvue de griffes ?

Les forces de la nature

Les vagues s'élèvent dans l'immensité du ciel, jusqu'à dépasser le mont Fuji. L'artiste peignit une ligne d'horizon relativement basse afin de magnifier la vague. L'observateur a le sentiment d'être au milieu d'une mer déchaînée. Comme les marins dans leurs frêles esquisses, il est confronté, impuissant, aux forces terrifiantes de la nature.

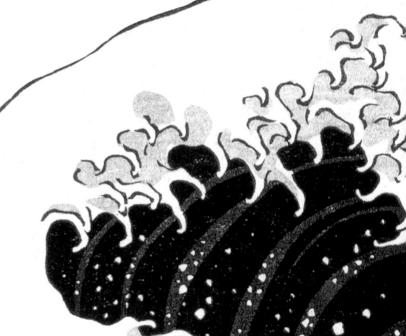

Le peintre a écrit le titre dans un cartouche et signé à gauche.

Remarque comme les vagues forment un arrondi qui encadre le mont Fuji et comme le pic enneigé de la montagne fait écho à l'écume qui enfle.

Pour créer les aplats blancs, Hokusai laissait simplement apparaître le blanc du papier.

La technique de l'estampe ne permet pas l'utilisation d'un grand nombre de couleurs (sept pour celle-ci). L'eau, les marins et la montagne sont composés d'un bleu profond dit bleu de Berlin, ou bleu de Prusse.

Le « Téméraire combattant »

J. M. W. Turner
Grande-Bretagne, 1839, huile sur toile, 91 cm x 122 cm

De ce tableau embrumé se dégage une impression de nostalgie. Il s'agit là en effet du dernier voyage d'un vieux voilier tiré par un bateau moderne vers sa destruction. Peint il y a plus de 150 ans par l'artiste britannique J. M. W. Turner, l'œuvre connut un succès immédiat dès son exposition. Elle était aussi l'une des préférées de l'artiste. À tel point qu'il l'appelait « Darling » et refusait de la vendre. Il en fit don à son pays, qui l'expose depuis sa mort.

En arrière-plan, tu distingues de nombreux autres bateaux. Un voilier, notamment, navigue toutes voiles dehors, à l'image du Téméraire lorsqu'il voguait dans toute sa splendeur.

Le titre complet de ce tableau est
Le « Téméraire combattant » est remorqué vers son dernier mouillage pour être démantelé, 1838.

La réalité arrangée

Tôt ce matin-là, Turner se trouvait sur place quand le Téméraire, déjà démâté et désarmé, fut remorqué par deux bateaux à vapeur. Il put ainsi le croquer sur le vif. Pourtant, une fois dans son atelier, il décida de modifier certaines choses : il ne laissa qu'un seul remorqueur et remit les mâts, de façon à exagérer le contraste entre le voilier, élégant et racé, et le bateau trapu crachant de la vapeur.

La fin d'une ère

Le peintre choisit également de changer l'heure de l'action. Le coucher de soleil rougeoyant évoque une fin poignante et une perte irréversible. La peinture n'émeut pas seulement parce qu'un voilier part à la casse, mais aussi parce qu'elle montre le déclin de la puissance navale britannique et l'essor des moyens de transport à vapeur. Cette toile offre davantage qu'un témoignage, elle symbolise la fin d'une époque.

L'embrasement des nuages est mis en images par des taches jaunes et orange.

D'autres taches orangées animent le reflet du coucher de soleil sur l'eau.

33

Ophélie

John Millais
Grande-Bretagne, 1851-1852, huile sur toile, 76 cm x 112 cm

Ce merveilleux tableau illustre une scène tirée de Hamlet, une célèbre pièce de théâtre du dramaturge britannique Shakespeare. Selon l'histoire, Ophélie, folle de chagrin à la mort de son père, se noie en cueillant des fleurs au bord de l'eau. Presque toutes les fleurs représentées dans le tableau sont mentionnées dans la pièce.

Souffrir par amour de l'art

L'artiste John Millais chercha à rendre la scène aussi réaliste que possible. Il passa des mois à reproduire une authentique berge au mépris du mauvais temps et des moustiques. Mais c'est dans son atelier qu'il peignit Ophélie. Pour cela, il dut payer un modèle, Lizzie Siddal. Vêtue d'une robe de l'Antiquité, elle restait des heures allongée dans une baignoire – d'ailleurs elle prit froid à rester ainsi dans l'eau froide !

34

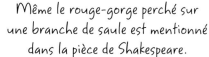

Même le rouge-gorge perché sur une branche de saule est mentionné dans la pièce de Shakespeare.

Tu peux voir des taches jaunâtres au milieu des roseaux. Elles sont dues à l'altération des couleurs avec le temps.

En arrière-plan, dans la lumière rasante, les divers feuillages participent à une véritable explosion de teintes vertes.

Les couleurs sont riches et vibrantes, car Millais les appliquait en fines couches par-dessus une couche blanche. L'étude de la toile aux rayons X a montré qu'il peignait d'un seul trait, en corrigeant peu.

Les végétaux qui entourent la jeune femme ont une signification symbolique. En voici quelques-unes :
· saule pleureur – tristesse
· orties – douleur
· roses – amour et beauté
· pensées – pensées
· myosotis – mémoire
· pâquerettes – innocence
· coquelicots et violettes – mort

Peux-tu discerner un masque mortuaire parmi les feuilles, près de l'eau ? Est-ce un effet de la lumière ou un présage de mort ?

Au début, Millais avait l'intention d'inclure un campagnol dans le tableau, mais il n'en fit rien, car l'oncle d'un de ses amis confondit l'animal, à peine esquissé, avec un lapin.

36 Ici, le couple le plus proche, qui danse, est formé par Cardenas, un artiste, et Margot, un modèle.

Renoir convainquit Estelle, une jeune fille du coin, de poser dans sa robe rayée.

Bal au moulin de la Galette

Auguste Renoir
France, 1876, huile sur toile, 1,31 m x 1,75 m

Peinte il y a plus d'un siècle, cette toile fait revivre une foule joyeuse qui s'amuse au moulin de la Galette, une guinguette parisienne. L'artiste, Auguste Renoir, vivait tout près et avait demandé à ses amis de poser pour lui.

Ne semble-t-il pas que le tableau scintille ? La lumière qui émane de la toile ainsi que les couleurs, surtout celles du sol blanc et des ombres peintes en bleu plutôt qu'en noir, semblent vibrer.

La composition a été savamment arrangée : les personnages semblent pris sur le fait tandis qu'ils se détendent ; en réalité, ils ont été disposés avec soin, de sorte que la plupart des amis du peintre regardent les visiteurs.

À la fois brillant et flou

Renoir se rendit dans cet endroit, où l'on buvait et dansait, pour faire des esquisses de la piste de danse située en plein air et planifier sa composition picturale. Il voulait montrer un lieu ensoleillé et chaleureux, peuplé de gens vêtus avec soin. Remarque les coups de pinceau légers et aériens : tout semble joyeux, l'ambiance est amicale.

De nos jours, ce tableau se classe parmi les chefs-d'œuvre, mais, à sa première exposition, beaucoup de visiteurs le détestèrent. Les couleurs criardes et les coups de pinceau flous donnaient une impression d'inachèvement et de tape-à-l'œil. Mais Renoir ne cherchait qu'à rendre un instant de lumière et de mouvement.

Les deux hommes assis de face sont Norbert et Georges, deux amis proches du peintre.

37

Un bar aux Folies Bergère

Édouard Manet

France, 1882, huile sur toile, 96 cm x 130 cm

Note les bottines vertes qui dépassent. Ce sont celles d'une acrobate juchée sur un trapèze, au-dessus de la foule.

Le peintre a signé son œuvre sur l'étiquette de cette bouteille.

Ce tableau offre un aperçu lumineux d'un bar bondé dans le Paris du XIXᵉ siècle. La scène, savamment composée, semble se dérouler presque entièrement dans la grande glace adossée au bar. Le visiteur a ainsi l'impression de pouvoir s'adresser directement à la serveuse à l'air mélancolique.

Les roses du comptoir ajoutent une touche de douceur parmi tout ce marbre et cette verrerie.

Note le cadre doré du miroir, lequel est embué de bleu.

Les personnages du fond ont été représentés à grands traits rapides pour suggérer l'agitation de la foule.

Les noctambules

Les Folies Bergère sont un célèbre cabaret parisien, où, à la Belle Époque, il était possible de consommer tout en assistant à une revue dansée et à des numéros de cirque accompagnés de musiciens. Édouard Manet fit des esquisses du bar avant de recréer la scène dans son atelier et de faire poser Suzon, une véritable employée du café-concert.

En perte de repères

L'œuvre désoriente l'observateur. Le reflet de Suzon et de certaines bouteilles ne correspondent pas à la réalité. Ce tableau a été passé aux rayons X et on a découvert que Manet avait modifié le reflet, sans doute pour ne pas surcharger l'arrière-plan. Par ailleurs, pour apparaître ainsi dans la glace, l'homme au chapeau haut de forme à côté de Suzon devrait se trouver à ta place, celle de l'observateur. C'est comme si tu étais toi-même ce gentilhomme du XIXᵉ siècle...

Un dimanche à la Grande Jatte

Georges Seurat
France, 1884-1886, huile sur toile, 2,08 m x 3,08 m

Il fallut deux ans à Georges Seurat pour peindre cette scène éclatante qui se déroule dans un parc. L'artiste français fit des dizaines de croquis avant de reporter sur la toile ses petites touches – 3,5 millions environ – de couleurs pures et contrastées.

Par petites touches

Seurat disposa ses touches en accord avec la théorie de la perception des couleurs du XIXe siècle. Le spectateur qui s'approche s'aperçoit que le tableau est composé de points et de tirets de couleurs qui, de loin, se mélangent, ce qui fait que les couleurs se fondent. Pour le peintre, le résultat gagnait en luminosité, car le mélange des couleurs se fait dans l'œil plutôt que sur la palette.

Seurat sut exploiter les propriétés de la juxtaposition des couleurs, les associant pour créer des contrastes pleins d'énergie. Ainsi, le scintillement de l'eau est rendu par des touches de bleu et d'orange, et la brillance de l'herbe avec du vert et du marron.

Cet agrandissement te permet de mieux distinguer les points et les tirets.

Sur l'eau, tu peux discerner divers bateaux : à vapeur, à voiles et à rames.

Ce tableau est composé avec brio. Il fait penser à un décor de théâtre. Les personnages se tiennent tous à une distance précise les uns des autres et les zones de lumière et d'ombre s'équilibrent avec soin.

Seurat disait qu'il cherchait à peindre des « gens modernes ». Ce tableau présente une multitude bigarrée – hommes avec haut-de-forme, ouvriers en manches de chemise, femmes qui pêchent et même un joueur de clairon.

Les zones de lumière sont tachetées de jaunes et d'oranges ensoleillés.

Les ombres sont parsemées de bleus profonds et de violets.

Vois-tu le papillon orange qui volette dans l'herbe ?

Regarde bien, cette femme tient un singe en laisse.

Les tournesols

Vincent Van Gogh
Pays-Bas, fin 1888 ou début 1889, huile sur toile, 92 cm x 71 cm

À la fin des années 1880, le peintre néerlandais Vincent Van Gogh réalisa une série de tableaux d'un jaune flamboyant représentant des tournesols. Il ne réussit pas à les vendre de son vivant, mais de nos jours, ils font partie des chefs-d'œuvre inestimables les plus recherchés dans le monde.

Du soleil et des fleurs

Dans ce tableau, chaque fleur est une explosion de riches couleurs, appliquées en couches épaisses, qui ressortent d'autant plus qu'elles sont peintes sur un fond gris-bleu. Les pétales furent dessinés à grands traits épais, dans une nouvelle couleur synthétique, le jaune chrome. Pour Van Gogh, ce jaune doré ensoleillé symbolisait l'amitié et la joie. Pourtant, la fragilité de la vie ressort aussi à travers certaines fleurs qui ploient, déjà fanées.

Des hauts et des bas

Van Gogh peignit ces tournesols en hommage à Paul Gauguin, qu'il avait invité chez lui. Mais, après quelques semaines, les deux amis se disputèrent et Van Gogh, dans un accès de folie, saisit une lame de rasoir et se trancha l'oreille. Gauguin s'enfuit. Van Gogh fit l'autoportrait de droite pendant son rétablissement.

Observe les couches épaisses de peinture, ou impasto. Ces empâtements laissent transparaître les coups de pinceau.

Le peintre a signé son nom sur le vase.

Autoportrait à l'oreille bandée, 1889

44

Danseuses en bleu

Edgar Degas
France, 1890, huile sur toile, 85 cm x 76 cm

Ce tableau, figurant un groupe de danseuses, qui ne sont pas en plein travail mais sur le point d'entrer en scène, fait penser à un instantané pris au hasard de la vie dans un théâtre. Les danseuses se rassemblent, ajustent leur costume et s'échauffent, sans avoir conscience d'être observées.

Le décor bouche en partie la vue. Cela renforce le sentiment d'instants pris sur le vif.

Les danseuses ne cherchent pas à poser, comme si elles avaient oublié la présence du peintre.

Dessiner avec la couleur

Dans une masse chatoyante de bleus, entourées des éléments flous du décor, les danseuses ne se détachent pas clairement. Les lignes et les contours ne sont pas définis, la toile est construite à partir de touches de couleurs. Degas appelait sa méthode « dessiner avec la couleur ». L'effet doux et vaporeux confère ici une atmosphère magique.

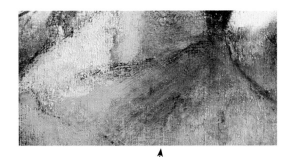

L'utilisation de couleurs opposées permet à l'œil de mieux discerner les éléments et lui donne une impression de profondeur. Dans tout ce bleu, un trait orangé éclate et conduit l'œil vers les personnages situés en arrière-plan.

Ce gros plan permet de mieux voir comment l'artiste étalait la peinture à coups flous informes.

Un long travail

Il peut sembler que l'artiste a esquissé les personnages rapidement, mais en réalité, il fallut à Degas des années d'étude et de pratique. Tout le long de sa vie, il peignit et sculpta des centaines des danseuses. Il était fasciné par la façon dont elles bougeaient, leur grâce, mais aussi leur force. En un sens, il trouvait que la pratique de leur art, exigeant maintes répétitions, n'était pas éloignée de son propre travail.

Le cri

Édouard Munch

Norvège, 1893, huile, tempera et pastel sur carton, 91 cm x 74 cm

Cette scène de cauchemar qui donne le vertige fut peinte par Édouard Munch, un artiste norvégien du XIXᵉ siècle. Il offre ici une vision intense et puissante d'un être seul et en souffrance, vision reprise par de nombreux films d'horreur et bandes dessinées.

La vie en peinture

Munch réalisa plusieurs versions de ce thème, en couleur, et en noir et blanc. Elles appartiennent à une série intitulée *La frise de la vie*. Elle explore la vie, l'amour, la mort et les sentiments forts qui en découlent. Munch passa des années à parachever son œuvre, la réarrangeant et la complétant sans cesse.

Qui crie ?

L'être, bouche bée, qui apparaît devant le spectateur, semble crier, d'où le titre de l'œuvre. En réalité, d'après Munch, ce cri est celui qu'il ressent de façon mystérieuse, comme émanant du monde extérieur. Il décrivit d'ailleurs cet instant dans son journal personnel :

Je marchais sur la route avec deux amis. Le soleil se couchait... Soudain, le ciel devint rouge sang. Je m'arrêtai... Mes amis poursuivirent leur chemin —je restai là, tremblant de peur. Et je sentis que la nature était traversée par un long cri infini.

D'étranges lignes tourbillonnantes suggèrent l'écho de ce bruit terrifiant.

Remarque l'affrontement entre les lignes du ciel orangé et les eaux bleu-noir.

La tête du personnage fait penser à un crâne.

Les silhouettes en arrière-plan font paraître le personnage central encore plus seul.

Le pont coupe la scène en deux, acculant le personnage dans un espace étroit et inconfortable.

Le baiser

Gustav Klimt

Autriche, 1907-1908, feuilles d'or et d'argent et huile sur toile, 1,80 m x 1,80 m

On doit cette image scintillante d'un homme embrassant une femme à Gustav Klimt. Artiste controversé du tournant du XXᵉ siècle, il connut un succès immédiat avec *Le baiser*.

La perfection des motifs

Regarde bien ce couple. Seuls les têtes, les mains et les pieds sont visibles, le reste n'étant qu'un tourbillon de formes et de couleurs. Des motifs différents séparent le corps de la femme de celui de l'homme, pourtant ces motifs se chevauchent et se mélangent, symbolisant une union indéfectible. Le tableau, à l'image d'une mosaïque, est un assemblage de formes décoratives. Les amants sont agenouillés sur un tapis de fleurs scintillant comme des pierres précieuses. L'arrière-plan est épuré. Le lieu et l'époque sont effacés. L'absence même de décor concourt à une impression d'intemporalité.

De l'or pur

La toile fut peinte à l'huile et rehaussée de feuilles d'or et d'argent. D'ailleurs, Klimt utilisa tant de feuilles d'or dans ses œuvres à cette époque qu'on appelle celle-ci sa période dorée. L'or nimbant le couple les entoure d'une aura vibrante et magique.

Vue de près, la peinture laisse apparaître des courbes et des tourbillons chevauchant les feuilles d'or. Les divers effets de la lumière sur ces traits ajoutent à l'effet magique.

48

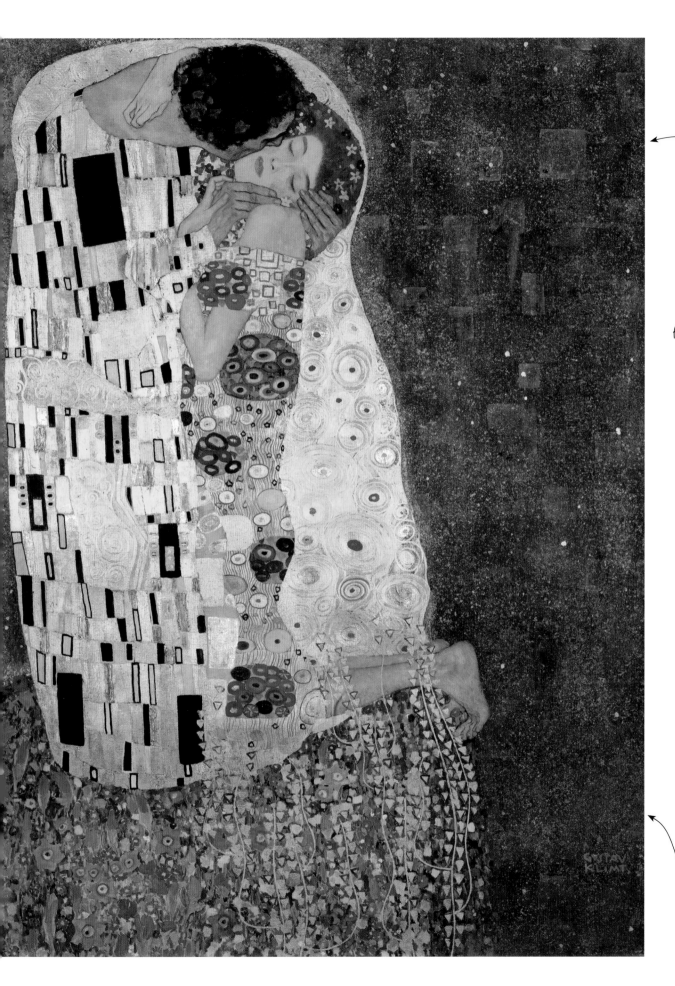

L'homme porte
une couronne
de lierre et la
chevelure de la
femme est fleurie.

Observe les
motifs différents
sur les habits
de l'homme et
de la femme :
des rectangles
noir et blanc,
comme masculins,
s'opposent aux
cercles fleuris,
plus féminins.

La femme est
enveloppée d'un
long manteau
brodé ou voile. Il
cascade le long de
son dos. Le bas,
transparent, laisse
voir les lignes de
broderie sur ses
jambes et sur le
tapis de fleurs.

Harmonie en rouge

Henri Matisse
France, 1908, huile sur toile, 1,81 m x 2,21 m

Ce tableau, aussi intitulé *La desserte rouge*, représente une femme en train d'arranger des fruits et des boissons sur une table. Mais le propos en est autant les formes et les couleurs, et l'illusion de peindre une scène authentique, que la scène elle-même.

Voir rouge

Au début, Matisse peignit la nappe et le papier peint de couleur bleue, puis il se ravisa et appliqua par-dessus sa composition cette couleur rouge qui lui donne son nom. Le tableau bleu avait déjà été vendu ; heureusement, l'acquéreur, un collectionneur russe grand admirateur du peintre, accepta ce changement de couleur.

Le paysage, peint en bleu et vert, des couleurs froides, permet un équilibre avec l'intérieur aux couleurs chaudes.

La peinture n'est pas la réalité

Dans son œuvre, Henri Matisse s'amusa à jouer avec le paysage en arrière-plan, sur la gauche. Est-ce une vue réelle à travers une fenêtre ou un tableau accroché au mur ? Le peintre n'a pas tranché pour que l'observateur n'oublie pas qu'une peinture n'est pas la réalité, comme le prouve le paysage entrevu, si plaisant soit-il.

Les meubles sont coupés, donnant à la scène une impression d'étroitesse.

Le rouge, riche et flamboyant, confère une sensation de chaleur et crée de vibrants contrastes avec les bleus et les jaunes.

Ces bandes orange et jaune font-elles partie d'un encadrement de fenêtre ou de tableau ? L'énigme, voulue par le peintre, n'a pas de réponse définitive.

Comme ce sont les mêmes motifs bleus qui couvrent le papier peint et la nappe, la table semble aussi plate que les murs.

Remarque comme les courbes des motifs trouvent un écho dans les fruits, les fleurs, les arbres et même dans le chignon de la femme.

51

Matin (série des Nymphéas)

Claude Monet
France, 1914-1918, huile sur quatre panneaux de toile, 2 m x 12, 75 m au total

Le peintre français Claude Monet consacra les trente dernières années de sa vie à peindre des nénuphars. Il fit construire un impressionnant bassin dans son jardin et ne cessa plus de les reproduire. À toute heure du jour, il cherchait à capturer les effets changeants de la lumière du soleil sur les fleurs et l'eau.

Une impression de spontanéité

De ce panneau, peint à coups de pinceau amples et tourbillonnants, laissant des traînées et des touches fragmentées, ressort une impression de spontanéité, qui déroute un temps. Le spectateur reste perplexe devant la représentation à grande échelle du bassin baigné par une douce lumière matinale, car il semble d'autant plus vaste que ses bords sont flous, comme si l'eau s'étendait à l'infini.

Ouvre la page et tu verras le tableau en entier.

Le jardin de Monet

Chez lui, dans sa propriété de Giverny, en France, Monet conçut un jardin extraordinaire qui, au fil des ans, se transforma en chef-d'œuvre, au même titre que les peintures qu'il en fit. Il créa de superbes parterres de fleurs et de plantes exotiques. Il obtint même la permission d'ériger un barrage, au grand dam des agriculteurs qui craignaient une obstruction du cours d'eau par les nénuphars. Aujourd'hui, le jardin, ouvert au public, attire des milliers de visiteurs.

Monet fit construire un pont de style japonais, qui enjambe une partie du bassin et entre dans la composition de certaines de ses toiles.

Fidèle à la réalité

Compare cette photo au tableau. Si l'on met de côté le style esquissé de Monet, le tableau ne semble-t-il pas correspondre fidèlement à la réalité ? Les plantes et le ciel se reflètent dans les eaux calmes parsemées de-ci de-là de groupes flottants de nénuphars. En arrière-plan, le rideau de roseaux et le mur d'arbres obscurcissent les bords et cachent l'horizon.

Une photo du bassin de nos jours. Au fond, à droite, tu aperçois le pont japonais.

53

Note les variations de couleur à la surface de l'eau, comme si elle reflétait les plantes, les arbres et le ciel bleu ennuagé.

Les plantes et le milieu aquatique remplissent tout l'espace. Il n'y a plus de place pour la terre ferme.

Des tableaux paisibles

Cette immense toile fait partie d'une série représentant l'évolution d'un bassin de nénuphars de l'aurore au crépuscule. Monet la réalisa pendant la Première Guerre mondiale, peut-être pour échapper aux horreurs de son temps. Le lendemain de l'Armistice de 1918, il donna ces œuvres à la nation française. Elles représentent de calmes paysages destinés à célébrer la paix nouvelle. De nos jours, la série entière se trouve au musée de l'Orangerie à Paris, spécialement aménagé pour la recevoir.

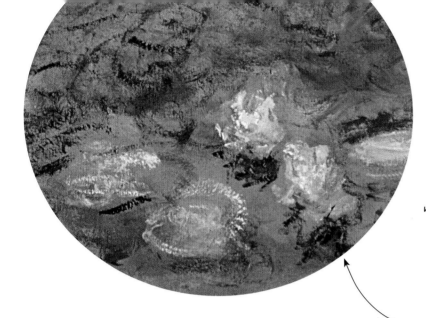

Vus de près, les nymphéas ne sont que des taches de couleur.

Les rides sur l'eau sont suggérées par des coups de pinceau amples et onduleux, interrompus ici et là par des groupes de nénuphars.

Les toiles étaient si grandes que Monet fit bâtir dans son jardin un atelier assez vaste pour les accueillir.

Jaune - Rouge - Bleu

Vassili Kandinsky
Russie, 1925, huile sur toile, 1,27 m x 2 m

Beaucoup de gens voient des objets dans les formes de cette composition.
Et toi, discernes-tu un profil, un phare jaune et un drapeau flottant ?

Cette toile, peinte dans les années 1920, regorge de formes aux couleurs vives, mais de quoi s'agit-il au juste ? Le titre est un indice : la composition ne restitue pas une scène réelle, mais est un arrangement abstrait de formes et de couleurs.

La musique des formes

Le peintre Vassili Kandinsky pensait que les formes et les couleurs permettaient de ressentir des émotions au même titre que la musique. (Musicien accompli, il comparait souvent la peinture à la musique.) Ce tableau s'ordonne autour de trois formes géométriques de couleurs éclatantes – un rectangle jaune, une croix rouge et un cercle bleu. Pour Kandinsky, le cercle symbolisait l'âme humaine. Les formes et les traits de plus petite taille qui les chevauchent créent des contrastes spectaculaires de formes et d'angles.

Des idées colorées

Le jaune, le rouge et le bleu font partie des couleurs dites primaires, à partir du mélange desquelles il est possible d'obtenir toutes les autres teintes. Kandinsky leur trouvait une valeur symbolique forte.

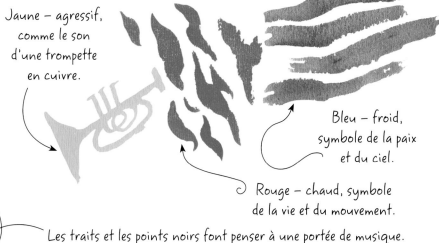

Jaune – agressif, comme le son d'une trompette en cuivre.

Bleu – froid, symbole de la paix et du ciel.

Rouge – chaud, symbole de la vie et du mouvement.

Les traits et les points noirs font penser à une portée de musique.

Le mélange de couleurs et de formes apporte une sensation de mouvement. Le contraste encourage l'œil à se déplacer dans l'œuvre.

Coquelicots orientaux

Georgia O'Keeffe
États-Unis, 1927, huile sur toile, 76 cm x 102 cm

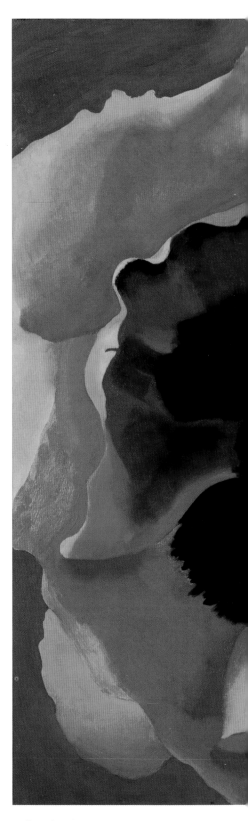

Ce tableau d'un beau rouge profond fut réalisé par l'artiste américaine Georgia O'Keeffe. Elle agrandit deux coquelicots d'environ dix fois leur taille réelle, cherchant par là à faire disparaître la toile sous les pétales soyeux. Elle immortalisait ainsi ces petites fleurs dont la durée de vie est si brève.

Plus que des coquelicots

Les coquelicots furent peints avec force détails et précision, pourtant il n'y a ni tiges ni feuilles, ni allusion où ils sont. La composition ne représente que les fleurs peintes de rouges incandescents et de noirs veloutés, qui s'épanouissent sur un fond rouge uni. Le coquelicot est une fleur commune, mais cette toile qui leur est dédiée nous invite à les regarder avec un œil neuf. Peut-être s'agit-il ici moins de botanique que d'une exploration de formes et de couleurs abstraites ?

Prendre le temps

À propos de sa peinture, O'Keeffe disait : « Plus personne ne prend le temps de regarder une fleur, c'est trop petit. Nous n'avons plus le temps et voir demande du temps… Je me suis dit : Je vais peindre ce que je vois… ce que cette fleur m'évoque – mais je vais la faire grande… J'obligerai même les New Yorkais pressés à s'arrêter et à regarder ce que je vois dans les fleurs. »

Recherche toutes les nuances de rouge, du cramoisi au rose en passant par l'orange.

Remarque le rendu, presque photographique, des fleurs. Georgia O'Keeffe obtint ce résultat en appliquant des milliers de minuscules coups de pinceau sur une toile extrêmement lisse, préparée spécialement.

American Gothic

Grant Wood

États-Unis, 1930, huile sur panneau de bois, 78 cm x 65 cm

Ce tableau, peint par Grant Wood, illustre la vie rurale américaine du début du siècle dernier. Il a remporté un prix lors de sa première exposition, à Chicago, en 1930. Depuis lors, il a fait l'objet d'innombrables copies et parodies. Il est souvent cité comme l'œuvre américaine la plus connue.

Note comme le couple semble résolu à empêcher le spectateur d'avancer et comme les rideaux aux fenêtres sont tirés : c'est un monde fermé.

Le chez-soi

La composition, représentant une ferme typique de l'Iowa, aux États-Unis, tire son nom de l'arche de style gothique de la fenêtre à l'étage. Quant au couple, il s'agit du dentiste et de la sœur de l'artiste. Il réussit à les convaincre de revêtir des habits de fermiers en leur avouant qu'ils étaient « les sortes de gens que j'imaginais vivre dans une telle maison ». Il n'est pas rare qu'un peintre fasse un double portrait pour figurer un mari et son épouse, mais ce couple, où l'homme est plus âgé, pourrait être celui d'un père et de sa fille.

La maison qui a servi de modèle est aujourd'hui un centre consacré à la peinture.

Il y a une certaine menace dans la façon dont le fermier tient la fourche, dont les pointes semblent se refléter sur sa salopette, sur sa chemise et même sur son visage.

Les cheveux de la femme sont tirés sévèrement en arrière, mais une boucle qui tombe évoque un peu de gentillesse.

Une satire ou une célébration ?

Lors de son exposition, le tableau divisa les visiteurs. Certains y voyaient une caricature des fermiers, à cause de l'air renfrogné et de l'aspect vieillot que Wood leur avait donnés, d'autres, une célébration de la force et du dur labeur des gens de la terre. Wood ne fit aucun commentaire, sauf : « Ce sont des gens tels que ceux que j'ai connus toute ma vie. J'ai essayé de les rendre fidèlement – ils sont même plus vrais que dans la vraie vie. »

La persistance de la mémoire

Salvador Dalí

Espagne, 1931, huile sur toile, 24 cm x 33 cm – approximativement la taille d'une photographie

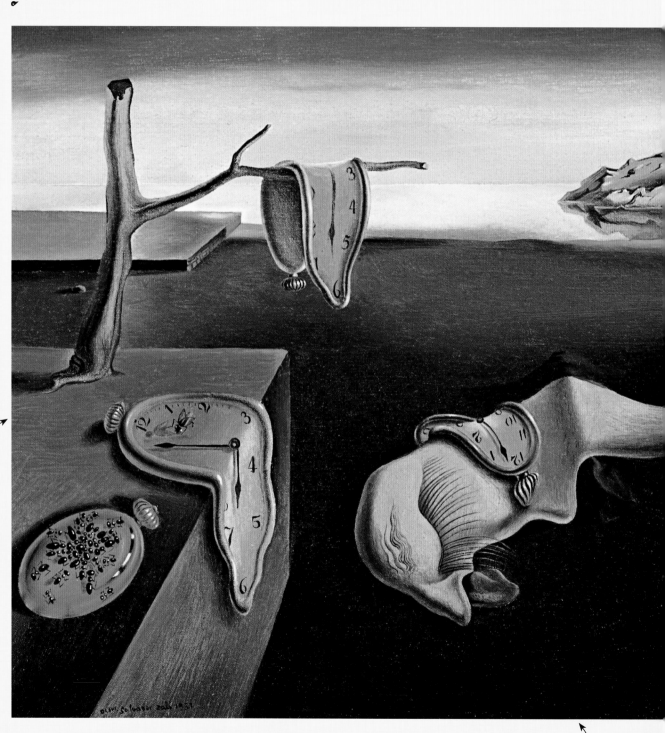

Note que les montres affichent toutes une heure différente.

Une mouche se déplace sur une montre.

Des fourmis s'attroupent sur le boîtier d'une autre montre.

L'arbre mort, les fourmis et la mouche sont des symboles de la décrépitude. Enfant, Dalí avait une peur panique des fourmis.

60

Au centre, la figure étrange et endormie est une version distordue du propre profil du peintre.

Des montres molles peuplant un paysage étrange, voilà qui semble sortir tout droit d'un rêve ! C'est exactement ce que le peintre Salvador Dalí cherchait à figurer. Il pensait que les rêves révélaient les pensées de notre inconscient. En ce sens, ils étaient plus réels encore que la réalité.

Le temps qui passe et les souvenirs

Cette œuvre abonde de symboles mystérieux. L'arbre sans vie et la figure endormie évoquent la mort et les rêves. Montres et sable sont des symboles traditionnels du temps qui passe. Mais ces montres fondent ou sont dévorées par des fourmis, à l'image d'une notion temporelle qui s'effrite et perd tout sens. Toutefois, le titre assure que la mémoire, indépendamment du temps, se prolonge – l'image évoque deux des souvenirs d'enfance du peintre : falaises et fourmis.

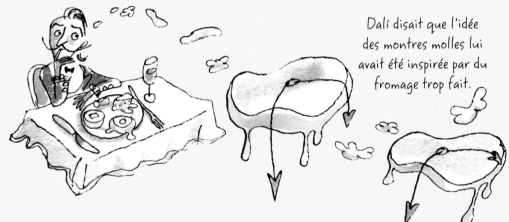

Dalí disait que l'idée des montres molles lui avait été inspirée par du fromage trop fait.

Des photos du subconscient

Malgré les choses irréelles qui apparaissent dans sa toile, les coups de pinceau délicats et le jeu réaliste des ombres et des lumières rendent la scène aussi proche de la vérité que possible. Dalí qualifiait son travail de « photographies du subconscient peintes à la main », tandis que le premier acquéreur de l'œuvre parlait de « Dalí dynamite ! ». Dès sa première exposition, le tableau fit sensation et fut rapidement acquis par un musée de New York.

Les falaises dorées font référence à un lieu, en Espagne, où Dalí passa son enfance.

Guernica

Pablo Picasso
Espagne, 1937, huile sur toile, 3,49 m x 7,77 m

Avec cette toile, le peintre espagnol Pablo Picasso dénonçait avec vigueur les atrocités qui furent commises à Guernica durant un épisode dramatique de la guerre civile espagnole. En 1937, des centaines de civils trouvèrent la mort sous les bombes.

Analyse du tableau

Un taureau observe une femme qui tient dans ses bras un enfant mort. Pour Picasso, le taureau symbolisait « la brutalité et les ténèbres ».

Une femme tombe d'une maison en flammes.

Picasso disait que le cheval représentait « le peuple ». Il est transpercé par une lance.

Un soldat mort repose sur le sol.

Un visage horrifié regarde par une fenêtre.

Une femme tente de s'échapper.

62

Ouvre la page et tu verras le tableau en entier. ⟶

Les journaux

L'attaque sur Guernica fut rapportée dans les journaux. À l'époque, des images blafardes, en noir et blanc, décrivant la ville dévastée passèrent sur les écrans de cinéma et firent les unes. Pablo Picasso vit ces images, et c'est pourquoi il choisit de les évoquer en peignant aussi son tableau en noir et blanc.

De la propagande

En peignant *Guernica*, Picasso disait qu'il revendiquait « un sens délibéré de la propagande ». Il espérait ainsi éveiller les consciences et rallier les mouvements d'opposition contre l'extrême droite, à l'origine des bombardements. La taille impressionnante de la toile ainsi que les figures torturées devaient renforcer au maximum le pouvoir émotif de la scène.

La condamnation de l'événement par le monde entier n'aida pas l'Espagne. Le pays perdit la guerre et s'installa dans une sombre dictature. Picasso refusa que Guernica soit exposé en Espagne tant que la démocratie n'y serait pas revenue. Ce ne fut le cas qu'en 1975. Aujourd'hui, l'œuvre se trouve à Madrid.

La ville de Guernica photographiée après les bombardements. Dans les décombres du centre-ville, le feu brûla pendant trois jours. Le tiers de la population fut tué ou blessé.

Cherche les formes tordues et hérissées qui accentuent l'impression que tout se casse et se déforme.

Note le changement brusque entre l'ombre et la lumière, qui suggère l'éclat des bombes qui explosent.

La toile est si grande qu'elle tenait à peine dans l'atelier de Picasso.

Autoportrait (Le cadre)

Frida Kahlo

Mexique, 1938, huile sur aluminium, fixé sous-verre, 29 cm x 21 cm

Le visage qui te regarde sur ce tableau coloré est celui de l'artiste mexicaine Frida Kahlo. Suite à un accident de circulation qui la laissa handicapée, elle se tourna vers la peinture. Elle se prit comme modèle et se représenta plus de cent fois, arguant qu'elle était le sujet qu'elle connaissait le mieux.

L'art mexicain

Ce tableau est un hymne aux racines mexicaines de l'artiste. Les décorations sont inspirées de l'art folklorique de son pays ; elle est elle-même vêtue d'un costume traditionnel et arbore des rubans et des fleurs dans les cheveux. Ce fut à l'occasion d'une exposition d'art mexicain que le public découvrit l'œuvre. Achetée par le musée parisien du Louvre, elle connut un succès immédiat.

Note les diverses fleurs et les motifs décoratifs qui encadrent le visage.

Recherche les influences : le cadre, délibérément simple et naïf, contraste avec le visage presque réel.

L'aplat bleu, qui entoure le visage, le fait ressortir parmi les décorations.

Les oiseaux appartenaient sans doute à Kahlo, car elle s'occupait de beaucoup d'animaux, dont singes et perroquets, et les représentait souvent dans ses portraits.

Remarque également les deux oiseaux exotiques superposés dans le bas du cadre.

Kahlo et un singe domestiqué

Le visage fut peint sur de l'aluminium, car c'est un métal qui brille et n'absorbe pas la peinture. Les couleurs restent ainsi franches et vives.

Les décorations, dessinées avec des peintures translucides sont appliquées à l'intérieur d'un cadre en verre. C'est pourquoi les couleurs changent là où elles se superposent au milieu.

65

Nighthawks

Edward Hopper
États-Unis, 1942, huile sur toile, 84 cm x 152 cm

Ce tableau sombre – une scène dans un « diner » américain la nuit – a inspiré de nombreux poèmes, bandes dessinées et films.

Des nuits solitaires

Le titre signifie « oiseaux de nuit », mais il ne fait pas seulement référence à la race ailée, mais aussi aux rôdeurs, couche-tard, insomniaques et noctambules, tels ces personnages. Remarque qu'ils ne semblent pas se parler tant ils sont absorbés dans leurs pensées. Par ailleurs, la forme du restaurant et l'absence d'ouverture dans la grande baie vitrée les isolent et les rendent inaccessibles.

Hopper disait qu'il s'était inspiré d'un coin de rue à New York, mais la scène pourrait se dérouler dans d'autres villes. Le peintre décrit l'incommunicabilité des êtres humains. Il admettait que son tableau « inconsciemment dépeint la solitude d'une grande ville. »

La surface lisse de la toile et la forme allongée de la scène évoquent un écran de cinéma. L'éclairage cru et les ombres profondes font même penser à une scène tirée d'un film noir.

Note comme l'artiste a su rendre la lumière blafarde des néons.

Les lettres qui ressortent sur le haut de la devanture font partie d'une publicité. Le nom du café reste invisible, anonyme, comme les consommateurs.

Les personnages sont inspirés de l'artiste lui-même et de sa femme Jo.

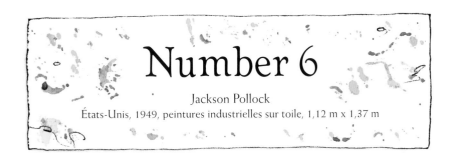

Number 6

Jackson Pollock
États-Unis, 1949, peintures industrielles sur toile, 1,12 m x 1,37 m

Le peintre américain Jackson Pollock est la figure principale de l'Action Painting (« peinture gestuelle ») et plus particulièrement du dripping.

Jack l'Égoutteur

Le dripping était une façon nouvelle de peindre. Pollock posait sa toile à même le sol et laissait s'égoutter la couleur à travers un pot percé, ou bien il la versait directement dessus ou encore il la projetait. D'où le surnom de Jack the Dripper (Jack l'Égoutteur).

Si, au premier abord, la toile semble couverte d'un fouillis d'éclaboussures et de coulures dues au hasard, Pollock insistait : « Il n'y a pas d'accident ». Il contrôlait tous ses mouvements. Ils étaient délibérés, un peu comme un chorégraphe, exécutant une danse en rythme et avec énergie.

L'analyse

Les tableaux réalisés par la technique du dripping sont abstraits, c'est-à-dire que le peintre ne cherche pas à représenter des scènes réelles. Au contraire, Pollock créait des motifs picturaux spontanés, arabesques et taches, découlant des mouvements qu'il avait effectués lors de son travail. Ses toiles témoignent de l'*action* impliquée dans le processus de création du peintre.

Le titre, simple et direct, de l'œuvre n'est qu'un numéro. Volontairement, il n'évoque ni objet ni sens particuliers.

Cherche sous le blanc et le noir les explosions de couleurs rouge, jaune et verte.

Tu remarques que l'œil n'est attiré par aucun point précis et qu'il parcourt toute la surface picturale.

Cherche les marques diverses laissées par l'artiste, des taches impressionnantes et des traits audacieux aux stries fines et aux délicates mouchetures.

Relativité

Maurits Escher
Pays-Bas, 1953, lithographie (estampe), 28 cm x 29 cm

Cette scène, étrange et onirique, fut dessinée il y a plus de cinquante ans par l'artiste néerlandais Maurits Escher. On dirait un puzzle. Elle représente un bâtiment organisé en arches et en escaliers, apparemment solides et réels, pourtant les personnages semblent se déplacer selon des angles impossibles.

Le sens du mystère s'épaissit, car les personnages n'ont pas de visage.

Observe les entrées sombres bizarrement juxtaposées avec des jardins ensoleillés.

Ces détails en noir permettent de mieux séparer les trois mondes du tableau.

Le dessin fut construit avec beaucoup de précision. Les traits, en noir et blanc, sont nets ; l'ombre est rendue par le jeu délicat des hachures.

Par où monter

Le spectateur assiste à la rencontre de trois mondes, chacun avec sa propre construction spatiale, où le plancher des uns devient le mur des autres, si bien que le regard ne sait plus où se porter. Pendant des siècles, les artistes ont cherché à reproduire la réalité, à donner une illusion de relief sur des toiles planes. Ce tableau prouve que l'art est illusion et qu'on peut dessiner des scènes impossibles de manière réelle.

L'art de l'illusion

Pour élaborer son œuvre, Maurits Escher s'inspira d'illusions d'optique et de modèles mathématiques. En réalité, si la structure te semble impossible, essaie de séparer les trois mondes avec leurs escaliers et tu comprendras qu'ils peuvent exister indépendamment mais pas ensemble – il est impossible de gravir tous les escaliers à la fois.

Golconde

René Magritte
Belgique, 1953, huile sur toile, 80 cm x 100 cm

Cette troublante peinture date des années 1950. Elle montre des centaines d'hommes en chapeau melon flottant dans le ciel au-dessus d'une rue ordinaire, ou peut-être tombant en pluie sur la ville. Ce tableau, très copié, a inspiré publicités et dessins humoristiques.

La vérité et le mensonge

Cette image, étrange et onirique, est toutefois traitée de manière lisse et plane, avec des couleurs et des ombres proches de la réalité, comme si la situation allait de soi. Pris séparément, chaque homme et chaque maison pourraient être réels, mais leur association fait basculer le spectateur dans l'absurde.

Le résultat est à la fois comique et philosophique. Il s'agit ici de réfléchir à l'apparence des choses. Magritte défie les attentes de l'observateur et répète que les tableaux, même les plus convaincants, ne sont que des illusions créées par un artiste. À ce titre, ils peuvent être mensonge ou vérité.

Remarque que cette pluie d'hommes est disposée en rangs selon trois plans en fonction de la taille.

Les hommes semblent identiques mais anonymes. Pourtant, cherche bien, il y a des différences.

Certains pensent que les hommes symbolisent Magritte lui-même. Le peintre portait souvent un complet sombre et un melon.

Magritte a signé sur le mur d'une maison, au premier plan, à droite.

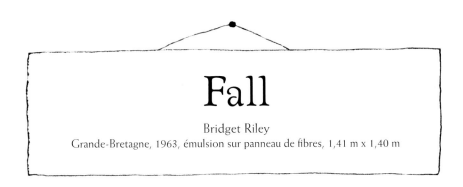

Fall

Bridget Riley
Grande-Bretagne, 1963, émulsion sur panneau de fibres, 1,41 m x 1,40 m

À travers des illusions d'optique, cette œuvre abstraite en noir et blanc exploite avec habileté la faillibilité de l'œil. Il suffit pour t'en rendre compte que tu cherches à fixer le regard sur un point. Que se passe-t-il ? Les lignes ne semblent-elles pas bouger et vibrer ?

Les courbes, qui se répètent inlassablement sur la toile, créent une sensation de rythmes récurrents.

Note que plus les courbes arrivent au bas du tableau, plus elles rapetissent et se rapprochent les unes des autres, provoquant un effet de tension croissante.

La toile semble vibrer sous le regard, car l'artiste a introduit de subtiles et infimes variations dans le motif.

À l'image d'une chute d'eau

L'observateur a l'impression que les lignes sont animées d'une forte ondulation descendante, à l'image d'une chute d'eau (d'où le titre Fall, chute en français). De plus, l'absence d'un point central fixe, où diriger les yeux, l'encourage à laisser errer son regard. Il vit une expérience déroutante. Sa vision n'est jamais la même.

Les effets visuels

Le tableau, achevé en 1963, fut acheté dans la foulée par la prestigieuse Tate Gallery de Londres. Cette figure de référence du mouvement Op Art (Optical Art, ou art optique) appartient depuis lors aux chefs-d'œuvre peints dans les années 1960, où tout se joue sur l'expérience visuelle immédiate du spectateur.

La surface picturale est si lisse et précise que, même de près, on ne voit aucune trace de coup de pinceau ou un défaut quelconque.

76

Marilyn

Andy Warhol
États-Unis, 1967, sérigraphie (estampe), 92 cm x 92 cm

L'artiste américain Andy Warhol était fasciné par l'idée de la gloire. Il réalisa d'ailleurs un nombre impressionnant d'images de célébrités, dont celle de la star de cinéma américaine Marilyn Monroe. Il la reproduisit des centaines de fois et ces séries ont contribué à sa propre popularité en tant qu'artiste.

Note le peu de couleurs utilisées : la sérigraphie en limitait le nombre.

Les aplats de couleur se superposent et sont même parfois décalés.

Des défauts apparents

Le visage de Marilyn remplit le cadre. C'est une image vibrante et audacieuse d'une actrice célèbre, mais aussi un portrait délibérément cru. Les couleurs et les traits, simplifiés à l'extrême, les défauts laissés volontairement lors du processus de sérigraphie, tout concourt à donner une impression neutre et irréelle, révélant le côté sombre de la star. En effet, Warhol réalisa cette toile, qui reprend inlassablement le visage de Marilyn, après le suicide de l'actrice quelques années auparavant.

Cette sérigraphie fait partie d'une série de dix Marilyn peintes de toutes les couleurs.

Une production en masse

La Marilyn de Warhol fut réalisée à partir d'une seule photographie publicitaire, reproduite par sérigraphie, une technique moderne d'impression, assez proche de la mécanisation. Warhol travaillait dans un local surnommé The Factory (l'usine) et avait embauché des assistants auxquels il déléguait la production en série de ses créations. Pour certains, une image ainsi « produite en masse » a moins de valeur artistique qu'une peinture traditionnelle. C'était justement ce que Warhol contestait.

Mr. and Mrs. Clark and Percy

David Hockney
Grande-Bretagne, 1970-1971, acrylique sur toile, 2,13 m x 3,04 m

Ce double portrait représente Celia Birtwell et Ossie Clark, des stylistes londoniens en vogue à l'époque. David Hockney était un ami proche du couple et il leur offrit cette toile en cadeau de mariage.

Un couple en peinture

Les objets épars et la pose nonchalante du mari, avachi pieds nus sur une chaise, donnent une image de fausse décontraction. En réalité, la composition ne doit rien au hasard : les formes géométriques dominent la scène ; le mari et la femme se tiennent symétriquement chacun d'un côté de la porte-fenêtre.

Hockney passa plus d'un an sur l'œuvre, avouant que son but était de « peindre la relation entre ces deux personnes ». Au contraire des portraits composés de manière traditionnelle, ici, la femme se tient debout et l'homme est assis. De plus, la distance les séparant fait allusion à la tension qui existait entre eux. D'ailleurs, ils divorceront quelques années plus tard.

78

La lumière qui entre par la porte-fenêtre et vient de derrière est tamisée. Elle saisit les personnages à contre-jour, accentuant le contour des choses et les rendant plus plates.

Les personnages sont presque grandeur nature, un défi que Hockney s'était lancé. Le peintre réalisa des tas de dessins préparatoires et peignit la tête d'Ossie une dizaine de fois avant d'être satisfait.

Pour la circonstance, Blanche, la chatte, fut renommée Percy par Hockney. Il trouvait que le nom de l'autre chat du couple sonnait mieux dans le titre.

Celia et Ossie regardent dans la même direction, vers le spectateur ou vers l'artiste en train de les peindre.

Index

Remerciements

Recherche iconographique : Ruth King. Rédaction : Jane Chisholm et Jenny Tyler. Maquette de la couverture : Mary Cartwright. Illustrations supplémentaires : Emily Bornoff.

Tous les efforts ont été faits pour retrouver les propriétaires des copyrights du matériel utilisé dans ce livre. S'il se trouve que des droits ont été oubliés, les éditeurs proposent de rectifier l'erreur dans les rééditions qui suivront la notification. Les éditeurs remercient les personnes et organismes suivants pour leur autorisation de reproduire du matériel :

Pages de couverture : voir les crédits des pages 14-15 et 30-31. Page 1 : voir crédit des pages 20-21. Pages 2-3 : voir crédit des pages 52-53. Pages 6-7 : voir crédits des pages 42-43. Pages 8-9 : **Le portrait Arnolfini** © National Gallery, Londres. **Homme au turban** © National Gallery, Londres. Pages 10-11 : **Le Printemps** (Galerie des Offices, Florence) © Summerfield Press/Corbis. Pages 12-13 : **Saint Georges et le dragon** © Musée du Louvre, Paris/ Giraudon/Bridgeman Art Library. Pages 14-15 : **La Joconde** (Musée du Louvre, Paris) © Gianni Dagli Orti/Corbis. Pages 16-17 : **Création d'Adam** (musées et galeries du Vatican, Le Vatican, Rome) © Gallery collection/Corbis. **Jugement dernier** (détail) © musées et galeries du Vatican, Le Vatican/Alinari/Bridgeman Art Library. Pages 18-19 : **plafond de la chapelle Sixtine** © musées et galeries du Vatican, Le Vatican/Bridgeman Art Library. Pages 20-21 : **Les Ménines** © Photo Scala, Florence/**musée du Prado, Madrid**. Pages 22-23 : **La cour intérieure d'une maison, à Delft** © National Gallery, Londres. Pages 24-25 : **Autoportrait aux deux cercles** © Iveagh Bequest, Kenwood House, Londres/Bridgeman Art Library. Pages 26-27 : **La jeune fille à la perle** (Mauritshuis, La Haye) © Francis G. Mayer/Corbis. Pages 28-29 : **Portrait de Mr. et Mrs. Andrews** © National Gallery, Londres. Pages 30-31 : **La Grande Vague** (copies dans de nombreux musées, dont le **Metropolitan Museum, New York** et le **British Museum, Londres**) © Historical Picture Archive/Corbis. Pages 32-33 : **Le « Téméraire combattant »** © National Gallery, Londres. Pages 34-35 : **Ophélie** © Art Archive/Tate Gallery, Londres/Eileen Tweedy. Pages 36-37 : **Bal au moulin de la Galette** © musée d'Orsay, Paris/Giraudon/Bridgeman Art Library. Pages 38-39 : **Un bar aux Folies Bergère** © Samuel Courtauld Trust, **Courtauld Institute of Art Gallery, Londres**/Bridgeman Art Library. Pages 40-41 : **Un dimanche à la Grande Jatte** (Art Institute of Chicago) © Gallery Collection/Corbis. Pages 42-43 : **Les tournesols** © Philadelphia Museum of Art/Corbis. **Autoportrait à l'oreille bandée** © Samuel Courtauld Trust, **Courtauld Institute of Art Gallery, Londres**/Bridgeman Art Library. Pages 44-45 : **Danseuses en bleu** (musée d'Orsay, Paris) © Art Archive/Corbis. Pages 46-47 : **Le cri** © National Museum of Art, Architecture & Design, Oslo/Munch Museum/Munch-Ellingsen Group, BONO, Oslo/DACS, Londres 2009 ; photo : Jacques Lathion. Pages 48-49 : **Le baiser** (Belvedere, Vienne) © Photo Austrian Archive/Scala, Florence. Pages 50-51 : **Harmonie en rouge** (Hermitage Museum, Saint-Petersbourg) © Succession H. Matisse/DACS 2009 ; photo : Archives Matisse. Pages 52-53 : **Nymphéas** © musée de l'Orangerie, Paris/ Lauros/Giraudon/Bridgeman Art Library. Photo de Giverny © Steven Vilder/Eurasia Press/Corbis. Pages 54-55 : **Jaune – Rouge – Bleu** © musée national d'Art moderne, Paris/Peter Willi/Bridgeman Art Library/ADAGP, Paris & DACS, Londres 2009. Pages 56-57 : **Coquelicots orientaux** © Collection de Frederick R. Weisman Museum, University of Minnesota, Minneapolis ; achat par le musée/ Georgia O'Keeffe Museum/DACS, Londres 2009. Pages 58-59 : **American Gothic** © Art Institute of Chicago/Bridgeman Art Library/All Rights Reserved by the Estate of Nan Wood Graham/ Licensed by VAGA, New York, NY. Photo de la maison © Tom Bean /Corbis. Pages 60-61 : **La persistance de la mémoire** © Digital image, **Museum of Modern Art, New York**/Scala, Florence ; © Salvador Dalí, Gala-Salvador Dalí Foundation/DACS, Londres 2009. Pages 62-63 : **Guernica** © Queen Sofia Museum, Madrid/Bridgeman Art Library/Succession Picasso/DACS, Londres 2009. Photo de Guernica © Bettmann/Corbis. Pages 64-65 : **Autoportrait/Le Cadre** (musée national d'Art moderne, Paris) © INBA, Mexico & 2009 Banco de Mexico Diego Rivera & Frida Kahlo Museum Trust, Mexico D.F./DACS, Londres 2009, photo © Photo CNAC/MNAM, Dist. RMN/Jean-Claude Planchet. Photo de Kahlo © Bettmann/Corbis. Pages 66-67 : **Nighthawks** (Art Institute of Chicago) © Francis G. Mayer/Corbis. Pages 68-69 : **Number 6** © Museum of Fine Arts, Houston/D. & J. de Menil Fund/Bridgeman Art Library/Pollock-Krasner Foundation/ARS, New York & DACS, Londres 2009. Pages 70-71 : **Relativité** (copies dans de nombreux musées, dont le **Metropolitan Museum, New York**) © 2008 M.C. Escher-Company-Holland ; All Rights Reserved ; www.mcescher.com. Pages 72-73 : **Golconde** © Menil collection, Houston/Lauros/Giraudon/Bridgeman Art Library/ADAGP, Paris & DACS, Londres 2009. Pages 74-75 : **Fall** (Tate Modern, Londres) © 2009 Bridget Riley, All Rights Reserved. Pages 76-77 : **Marilyn** (copies dans de nombreux musées, dont le **Museum of Modern Art, New York**) © Andy Warhol Foundation/Corbis. Pages 78-79 : **Mr. and Mrs. Clark and Percy** © David Hockney ; digital image © Tate Gallery, Londres 2009.

Les éditions Usborne ont rémunéré les créateurs visuels de DACS pour l'utilisation de leurs travaux artistiques.